AF267323

CARTES MURALES
PAR M. ACHILLE MEISSAS

QUESTIONNAIRE

SUR LA CARTE

D'AFRIQUE

A L'USAGE

DES PROFESSEURS, DES INSTITUTEURS ET DES MEMBRES
DES COMMISSIONS D'EXAMEN

PARIS
LIBRAIRIE DE L. HACHETTE ET Cie

BOULEVARD SAINT-GERMAIN, 77

1862

CARTES MURALES
PAR M. ACHILLE MEISSAS

QUESTIONNAIRE

SUR LA CARTE

D'AFRIQUE

A L'USAGE

DES PROFESSEURS, DES INSTITUTEURS ET DES MEMBRES
DES COMMISSIONS D'EXAMEN

NOUVELLE ÉDITION.

PARIS
LIBRAIRIE DE L. HACHETTE ET Cie

BOULEVARD SAINT-GERMAIN, 77.

1862

AVERTISSEMENT.

L'Afrique est moins bien connue que l'Amérique elle-même. La plupart des villes célèbres, les montagnes, les cours des fleuves ne sont placés sur les cartes que d'après des données peu certaines. Les limites assignées aux contrées dans l'intérieur sont généralement des limites de convention adoptées par quelques géographes, dans l'impossibilité où l'on se trouve de déterminer les limites réelles des différents États. C'est pour cela que nous donnons beaucoup moins de détails sur l'Afrique que sur les autres parties du monde. Mais nous donnons des notions plus étendues sur les possessions françaises, et particulièrement sur l'Algérie, sur laquelle nous n'avions, avant la conquête de ce pays, que des renseignements peu exacts et très-incomplets.

Avant d'apprendre leur leçon par cœur dans un livre, les élèves doivent l'étudier soigneusement sur la carte. S'ils sont trop jeunes ou trop peu avancés pour faire seuls cette étude préparatoire, le maître leur montrera lui-même tous les objets de la leçon sur la carte, et s'assurera qu'ils les connaissent bien avant de leur faire étudier le livre.

Quand ils l'auront apprise, ils la répéteront d'abord textuellement en montrant chaque objet sur la carte à mesure qu'ils le nommeront, puis ils répéteront la leçon sans regarder la carte. Ils répondront ensuite aux questions indiquées dans ces exercices, et à toutes celles que le maître jugera convenable

de leur faire d'après les exemples que nous donnons.

Les maîtres trouveront dans ce Questionnaire
même, ou par la seule inspection de la carte, la ré-
ponse à toutes les questions ; les élèves la trouveront
dans la carte ou dans le livre qu'on leur fera sui-
vre[1].

NOTA. — On doit avoir une baguette assez longue pour
montrer tous les objets qui sont représentés sur la carte.

Pour rendre plus facile l'étude de la géographie, nous
avons publié des feuilles d'exercices géographiques divisées
en trois degrés. Le premier degré se compose de cartes
muettes complètes ; le deuxième degré, de cartes avec les
projections et les contours des côtes. Les feuil.es du troisième degré donnent la projection seule des méridiens et
des parallèles, pour que les élèves tracent eux-mêmes la
carte entière. L'extrême modicité du prix de ces feuilles
(10 centimes ou 12 $\frac{1}{2}$ centimes la carte), les met à la portée
de toutes les fortunes. Pour ne pas embarrasser les per-
sonnes qui n'en font pas encore usage, nous plaçons à la
fin du Questionnaire les exercices qui y sont relatifs ; mais
il est bon de s'en servir dès les premières leçons.

---

1. On peut mettre entre les mains des élèves la Géographie méthodique
de MM. Achille Meissas et Michelot, renfermant les particularités relatives
à l'histoire et à la statistique de chaque contrée et des principales villes.
Cet ouvrage a été approuvé par l'Université.

*Tout exemplaire qui ne porte pas ma griffe est con-
trefait.*

QUESTIONNAIRE

ET EXERCICES

SUR LA

GRANDE CARTE MURALE D'AFRIQUE.

PREMIER DEGRÉ.

NOTIONS GÉNÉRALES.

1. Qu'est-ce que l'Afrique ?

Une des cinq parties du monde.

2. Comment divise-t-on l'Afrique ?

On peut diviser l'Afrique en dix-neuf contrées, dont trois au nord, sept au milieu et neuf au midi.

3. Quelles sont les trois contrées d'Afrique dans la région du nord ?

La Barbarie, villes principales, Maroc, Alger, Tunis et Tripoli ; l'Égypte, capitale le Caire ; et le Sahara ou Grand-Désert.

4. Montrez sur la carte la Barbarie. — L'Égypte. — Le Sahara.

Montrez Maroc. — Alger. — Tunis. — Tripoli. — Le Caire.

5. Quelles sont les sept contrées d'Afrique dans la région du milieu ?

La Sénégambie, villes remarquables, Saint-Louis, Bambouk et Timbo ; la Guinée septentrionale ou Ouankara, villes principales, Freetown, Coumassie, Abomey, Bénin et Katunga ; le Soudan ou Takrour ou Nigritie centrale, villes principales, Ségo, Tombouctou, Sackatou, Nouveau-Birnie ou Bornou, et

Cobbé; la Nubie, villes principales, Dongolah et Sennaar; l'Abyssinie, ville principale, Gondar; l'Adel ou pays des Somaulis, villes principales, Zeila, Barbora, Hourrour; l'Ajan.

6. Montrez sur la carte la Sénégambie. — La Guinée septentrionale. — La Nigritie. — L'Abyssinie. — L'Ajan. — La Nubie. — L'Adel.

Montrez Saint-Louis. — Bambouk. — Timbo. — Bénin. — Abomey. — Ségo. — Sennaar. — Coumassie. — Katunga. — Tombouctou. — Sackatou. — Bornou. — Cobbé. — Dongolah. — Gondar. — Zeila. — Barbora. — Hourrour.

7. Quelles sont les neuf contrées d'Afrique au sud?

La Guinée méridionale ou Congo, ville principale, San-Salvador; le pays des Hottentots ou Hottentotie, ville principale, Kuruman ou Litakou; le gouvernement du Cap, capitale le Cap; la Cafrerie; le Monomotapa et Sofala, ville principale, Sofala; le Mozambique, villes principales, Mozambique, Mésureil et Séna; le Zanguebar, villes principales, Mélinde et Mombaza; dans l'intérieur, une vaste contrée qui est très-peu connue; et l'île de Madagascar, villes principales, Tananarivou et Tamatave.

8. Montrez la Guinée méridionale. — Le pays des Hottentots. — Le gouvernement du Cap. — La Cafrerie. — Le Monomotapa et Sofala. — Le Mozambique. — Le Zanguebar. — Madagascar. — La contrée inconnue.

Montrez Mozambique. — Mésureil. — San-Salvador. — La ville du Cap. — Sofala. — Séna. — Tamatave. — Tananarivou. — Mélinde. — Mombaza.

Nota. En général les élèves doivent montrer sur la carte tous les objets à mesure qu'ils les nomment, en étudiant ou en récitant leur leçon; ils doivent ensuite les montrer en intervertissant l'ordre du livre, comme nous en donnons des exemples. Il est bon aussi que les élèves répètent quelquefois, sans regarder la carte, les leçons qu'ils ont déjà récitées sur la carte et les exercices qu'ils y ont faits.

9. Qu'est-ce que l'Égypte?

C'est une des dix-neuf contrées de l'Afrique, et une des trois dans la région du nord.

10. Qu'est-ce que la Barbarie? — Le Soudan? — La Nubie? — L'Abyssinie? — Le Sahara? — La Guinée septentrionale? — La Cafrerie? — L'Adèl? — La Nigritie centrale? — La Guinée méridionale? — L'Ajan? — Le pays des Hottentots? — Le gouvernement du Cap? — Madagascar? — Le Zanguebar? — Le Mozambique? — Le Monomotapa et Sofala?

11. Quelles sont les capitales ou principales villes de la Barbarie? — De la Guinée septentrionale? — Du Mozambique? — De l'île de Madagascar? — De l'Adel? — De l'Égypte? — De la Guinée méridionale? etc.

12. Qu'est-ce que Maroc? — Le Caire? — Tripoli? — Zeila? — Sackatou? — Mozambique? — Tananarivou? — San-Salvador? — Tombouctou? — Sennaar? — Coumassie? — Bambouk? — Saint-Louis? — Agably? — Mombaza? etc.

13. Quelles sont les contrées qui touchent le Sahara ou Grand-Désert?

La Barbarie, l'Égypte, la Nubie, la Nigritie intérieure, la Sénégambie.

14. Quelles sont les contrées qui touchent la Nubie? — La Sénégambie? — Le pays des Hottentots ou Hottentotie? — La Nigritie intérieure? — La Guinée méridionale? — Le gouvernement du Cap? — La contrée inconnue dans l'intérieur de l'Afrique? etc.

15. Quelle est la contrée qui borne la Nigritie intérieure au nord?

Le Sahara ou Grand-Désert.

— A l'ouest?

La Sénégambie.

— Au sud-ouest?

La Guinée septentrionale.

— Au sud-est?

La grande contrée inconnue dans l'intérieur de l'Afrique.

— A l'est?

La Nubie.

16. Quelles sont les contrées qui touchent à la

grande contrée inconnue dans l'intérieur de l'Afrique, à l'ouest?

La Guinée septentrionale et la Guinée méridionale.

— Au nord?

La Nigritie intérieure, la Nubie et l'Abyssinie.

— Au nord-est?

L'Ajan.

— A l'est?

Le Zanguebar et le Mozambique.

—Au sud-est?

Le Monomotapa et la Cafrerie.

— Au sud?

La Hottentotie.

Faites les mêmes questions pour les autres contrées de l'Afrique.

17. Quel est l'isthme qui joint l'Afrique au continent de l'Asie?

L'isthme de Suez, au nord-est de l'Égypte; il lie cette contrée à l'Arabie.

18. Par combien de mers l'Afrique est-elle baignée?

L'Afrique est baignée par quatre mers, qui sont : la Méditerranée au nord, l'océan Atlantique à l'ouest, le Grand Océan au sud, et la mer des Indes à l'est.

19. Quelles sont les contrées d'Afrique qui sont baignées par la mer Méditerranée?

La Barbarie et l'Égypte.

— Par l'Océan Atlantique?

La Barbarie, le Sahara, la Sénégambie, la Guinée septentrionale, la Guinée méridionale, la contrée inconnue, la Hottentotie et le gouvernement du Cap.

— Par le Grand Océan?

Le gouvernement du Cap et la Cafrerie.

— Par la mer des Indes ou par les golfes qu'elle forme?

L'Égypte, la Nubie, l'Abyssinie, l'Adel, l'Ajan, le Zanguebar, le Mozambique, le Monomotapa et la Cafrerie.

20. Quelles sont les mers qui baignent la Barbarie? — La Sénégambie? — La Guinée méridionale? — Le Zanguebar? — Le gouvernement du Cap? etc.

21. Quelle est la mer qui baigne l'Égypte à l'est? — Au nord?

22. Quelle est la mer qui baigne la Barbarie au nord? — A l'ouest?

Faites des questions semblables pour les autres contrées.

23. Quels sont les principaux détroits qui baignent l'Afrique.

Le détroit de Gibraltar et le détroit de Bab-el-Mandeb.

24. Quelles sont les mers qui communiquent entre elles par ces détroits?

Le détroit de Gibraltar unit l'océan Atlantique à la Méditerranée, le détroit de Bab-el-Mandeb unit la mer des Indes au golfe Arabique ou mer Rouge.

25. Quelles sont les contrées qui sont séparées par ces détroits?

Le détroit de Gibraltar sépare la Barbarie, en Afrique, de l'Espagne en Europe; le détroit de Bab-el-Mandeb sépare l'Abyssinie, en Afrique, de l'Arabie, en Asie.

26. Quels sont les principaux golfes qui baignent l'Afrique?

Les golfes de la Sidre ou Syrte et de Cabès dans la Méditerranée, le golfe de Guinée dans l'océan Atlantique, et le golfe Arabique ou mer Rouge formé par la mer des Indes.

27. Quels sont les golfes qui baignent la Barbarie au nord?

Les golfes de la Sidre et de Cabès.

28. Quel est celui qui baigne la Guinée septentrionale au sud-ouest?

Le golfe de Guinée.

29. Celui qui baigne l'Égypte, la Nubie et l'Abyssinie?

Le golfe Arabique ou mer Rouge.

30. Quel est le grand golfe formé sur les côtes d'Afrique par l'océan Atlantique ? — Par la mer des Indes? — Par la Méditerranée ?

31. Combien compte-on d'îles ou de principaux groupes d'îles en Afrique ?

On en compte treize, savoir: sept dans l'océan Atlantique et six dans la mer des Indes.

32. Quelles sont les principales îles d'Afrique dans l'océan Atlantique ?

Ce sont: les Açores, Madère, les îles Canaries, les îles du cap Vert, les îles du golfe de Guinée, l'île de l'Ascension et l'île de Sainte-Hélène.

33. Quelles sont les principales îles d'Afrique dans la mer des Indes ?

Ce sont: l'île de Socotora, les Seychelles, Zanzibar, les îles Comores, Madagascar et les Mascareignes, dont les principales sont l'île de la Réunion ou Bourbon, l'île de France ou Maurice et l'île Rodrigue.

34. Qu'est-ce que Socotora? — Madère? — Sainte-Hélène? — Rodrigue? — La Réunion? — Les Seychelles? — L'Ascension? — Les Canaries? — Les Açores? — Zanzibar? — Madagascar? — Les Comores? etc.

35. Quelles sont les îles d'Afrique voisines de la Guinée septentrionale? — Du Sahara? — Du pays d'Adel? — Du Zanguebar? — Du Mozambique? etc.

36. Quelles sont les îles situées à l'ouest de la Sénégambie? — A l'ouest de la Barbarie? — A l'est du Mozambique ?

— A l'est de Madagascar? — Au nord-est de Madagascar? — Au nord-ouest de Madagascar?

37. Quels sont les principaux caps de l'Afrique?

Les quinze principaux caps de l'Afrique sont : les caps Bon et Ceuta dans la Barbarie; le cap Blanc dans le Sahara; le cap

Vert, le cap Sainte-Marie et le cap Rouge, dans la Sénégambie ;
le cap des Palmes et le cap des Trois-Pointes, dans la Guinée
septentrionale ; le cap Lopez et le cap Négro, dans la Guinée
méridionale ; le cap de Bonne-Espérance et le cap des Aiguilles,
dans le gouvernement du Cap ; le cap Delgado, au sud du Zanguebar ; le cap Gardafui, à l'est de l'Adel ; le cap Natal, au nord
de Madagascar.

38. Où est situé le cap Vert ? — Le cap des Aiguil-
les ? — Le cap Delgado ? — Le cap Négro ? — Le cap
Natal ? — Le cap Bon ? — Le cap Ceuta ? — Le cap
Sainte-Marie ? — Le cap Gardafui ? — Le cap Lopez ?
— Le cap Rouge ? — Le cap des Trois-Pointes ? etc.

39. Quel est le cap qui est à l'ouest du Sahara ? —
A l'est de l'Adel ? — Au sud du Zanguebar ? — Au
nord de l'île de Madagascar ? — Au sud-ouest du
gouvernement du Cap ? — Au sud-ouest de la Guinée
méridionale ? etc.

40. Parmi les principaux caps de l'Afrique, quel est
le plus à l'ouest ?

Le cap Vert.

— Le plus au sud ?

Le cap des Aiguilles.

— Le plus à l'est ?

Le cap Gardafui.

— Le plus au nord ?

Le cap Bon.

41. Quel est le plus au nord, du cap Vert ou du cap
Gardafui ? — Du cap Négro ou du cap Delgado ? etc.

42. Quel est le plus à l'est, du cap Bon ou du cap de
Bonne-Espérance ? — Du cap Ceuta ou du cap des
Palmes ? etc.

43. Quel est le plus au nord, du cap Gardafui
ou de Freetown ? — Du cap Négro ou de Tananarivou ? etc.

44. Quel est le plus à l'ouest, du cap Ceuta ou de
Maroc ? — Du cap Bon ou de Bénin ? etc.

45. Quelles sont les principales chaînes de montagnes de l'Afrique?

Le mont Atlas, tout le long de la Barbarie; les monts de Kong, entre la Nigritie centrale et la Guinée septentrionale; les monts de la Lune, dans le nord de la contrée peu connue; les monts Lupata, dans le sud-est de l'Afrique, et les montagnes de Madagascar, dans l'île de ce nom.

46. Dans quelle contrée se trouvent les monts Lupata? — L'Atlas? — Les montagnes de Kong? — Les monts de Madagascar? — Les monts de la Lune?

47. Quelle est la chaîne qui se trouve entre la Guinée septentrionale et la Nigritie centrale? — Dans le nord de la contrée inconnue? etc.

48. Dans quelle direction courent les monts Atlas? — Les monts Lupata? — Les montagnes de Madagascar? etc.

49. Quels sont les lacs les plus remarquables de l'Afrique?

Les principaux lacs de l'Afrique sont : le lac Kéroun, en Égypte; le lac Tchad, dans la Nigritie centrale; le lac Dembéa, dans l'Abyssinie; les lacs Ukéréwé, Tanganyika, Njassi et Ngami dans la contrée peu connue.

50. Dans quelle contrée se trouve le lac Kéroun?— Le lac Tchad? — Le lac Dembéa? — Le lac Ukéréwé? etc.

51. Combien compte t-on de fleuves principaux en Afrique?

On en compte sept : un qui se jette dans la Méditerranée, c'est le Nil ; cinq qui se jettent dans l'océan Atlantique, ce sont : le Sénégal, la Gambie, le Dioli-Bâ, appelé aussi Niger ou Kouara, le Zaïre et l'Orange; un qui se jette dans la mer des Indes, c'est le Zambèze.

52. Dans quelle mer se jette le Sénégal? — Le Nil? — Le Zaïre? — L'Orange? — Le Zambèze? — La Gambie? — Le Dioli-Bâ?

53. Dans quelles contrées coulent le Nil? — Le Sénégal? — Le Zaïre? — Le Zambèze? — L'Orange? — La Gambie? — Le Dioli-Bâ?

54. Quel est le fleuve qui passe au Caire?—A Ségo?
— A Saint-Louis? — A Bénin? — A Séna? etc.

55. Quels sont les principaux fleuves qui arrosent
la Sénégambie? — La Guinée méridionale? — La
Nigritie centrale? — La Nubie? — La Hottentotie? etc.

56. Dans quelle direction coule la Gambie? — Le
Dioli-Bâ? — Le Nil? — L'Orange? — Le Zambèze? —
Le Sénégal? — Le Zaïre?

57. Quels sont les différents noms que l'on donne
au Dioli-Bâ?

58. De l'embouchure du Zaïre ou de celle du
Zambèze, quelle est celle qui est la plus au nord?

59. De l'embouchure du Nil ou de celle du Zambèze, quelle est la plus à l'est?

60. De l'embouchure de la Gambie ou de Zeila,
quel est le point le plus au sud?

61. De l'embouchure du Zaïre ou de Mélinde, quel
est le point le plus au nord?

62. De l'embouchure du Nil ou de la ville de
Mozambique, quel est le point le plus à l'est?

63. D'Alger ou de la plus occidentale des embou-
chures du Kouara, quel est le point le plus à l'ouest?

Faites des questions semblables pour les autres
fleuves.

DEUXIÈME DEGRÉ.

PRINCIPALES DIVISIONS DES CONTRÉES DE L'AFRIQUE.

Nota. L'Afrique n'est bien connue que sur les côtes et dans quelques parties des contrées septentrionales. Plusieurs voyageurs ont pénétré à l'intérieur dans le Sahara, la Nubie, l'Abyssinie, la Sénégambie, et même dans la Nigritie intérieure et dans l'intérieur de l'Afrique Australe; mais les notions qu'ils ont rapportées ne sont ni assez nombreuses ni assez précises pour que l'on puisse dresser une carte exacte de ces contrées.

CONTRÉES DU NORD.

Barbarie.

64. Où est située cette contrée?

Entre 12° 15′ de longitude ouest et 23° de longitude est, et entre 37° 20′ de latitude nord et une ligne indéterminée au sud.

65. Quelle est la superficie de la Barbarie?

La superficie de la Barbarie, dans les limites que nous lui assignons, peut être estimée à 2 470 000 kilomètres carrés, mais ces limites n'ont rien de déterminé vers le sud.

66. Quelle est la population de la Barbarie?

Nous n'avons pas de notions précises sur la population de cette contrée. Quelques-uns la font monter à plus de vingt millions d'habitants, d'autres ne la portent qu'à neuf millions.

67. La Barbarie est-elle bien connue?

Les Européens ont toujours entretenu des relations avec les villes maritimes de cette contrée, mais nous n'avons que des notions vagues sur l'intérieur, hors de l'Algérie qui appartient à la France.

68. Comment divise-t-on la Barbarie?

En quatre grandes parties : l'empire de Maroc, capitale Maroc; l'Algérie, capitale Alger; le beylik de Tunis, capitale Tunis, et le beylik de Tripoli, capitale Tripoli.

69. Quelles sont les principales divisions de l'empire de Maroc?

Ce sont : 1° le royaume de Maroc, capitale Maroc, villes principales Mazagran, Azamor, Saffi, Moghador, Sainte-Croix ou Agadir, et Taroudant, capitale de la célèbre province de Sous, dans le sud-ouest de l'empire.

2° Le royaume de Fez, capitale Fez, villes principales Méquinez, Salé, Larache, Tanger, Tétouan, Ouchda.

3°. Le pays de Tafilet, dont la capitale Tafilet paraît formée par la réunion de plusieurs bourgades.

4° On peut rattacher à cet empire le pays de Draha, où l'on remarque la ville de Tatta, et un État formé, depuis le commencement de ce siècle, dans le sud de la partie méridionale de l'ancienne province ou royaume de Sous, et dont la capitale est Talent. On y remarque aussi Tagavost.

70. Quels sont les principaux fleuves de l'empire de Maroc?

Le Sébou, dont le principal affluent passe près de Fez; l'Oum-Rabié, dont l'embouchure est à Azamor, et le Tensift, qui passe près de Maroc.

Tous descendent du versant nord-ouest de la chaîne de l'Atlas, qui atteint dans le Maroc sa plus grande élévation. Le versant sud-est donne naissance à plusieurs fleuves très-peu connus qui se perdent dans les sables. L'un de ces fleuves traverse un lac d'eau douce et va, suivant quelques géographes, se jeter dans l'Océan sous le nom de Draha.

71. Quelles sont les villes les plus remarquables du beylik de Tunis?

Tunis, capitale; Bizerte, Hammamet, Kairouan, Cabès.

72. Quel lac y remarque-t-on?

Le lac Loudéah, que l'on croyait uni au lac Melghigh dans l'Algérie.

73. Comment divise-t-on le beylik de Tripoli?

Le beylik de Tripoli comprend trois parties principales : 1° le pays de Tripoli, capitale Tripoli, villes principales Gadamès et Mésurata; 2° le Fezzan, capitale Mourzouk, ville principale Gherma; 3° le pays de Barca, villes principales Derne, Benghazi et Audjélah, dans une oasis de même nom.

Nota. Pour l'Algérie voyez les possessions françaises en Afrique nᵒˢ 151 et suivants.

Égypte.

74. Où est située l'Égypte?

Entre 21° 45′ et 33° 15′ de longitude est, et entre 23° 30′ et 31° 40′ de latitude nord.

75. Quelles sont la superficie et la population de cette contrée?

La superficie peut être estimée à 474 000 kilomètres carrés, et la population à 3 000 000 d'habitants.

76. Cette contrée est-elle fertile?

Le sol de l'Égypte est d'une grande fertilité dans toutes les parties arrosées par le Nil; le reste est généralement stérile, soit par l'aridité du sol, soit par l'insuffisance des pluies.

77. Comment divise-t-on l'Égypte?

L'Égypte se divise en deux parties, qui sont : 1° la Basse-Égypte, capitale le Caire; villes principales, Alexandrie, Rosette, Damiette, Suez.

2° La Haute-Égypte, capitale Girgéh; villes principales, Syout, Cosseir et Syène ou Assouan.

78. Quels lieux remarque-t-on encore en Égypte?

La ville de Fayoum ou Médinet-el-Fayoum, dans la fertile province de Fayoum et près du lac Kéroun, que l'on a longtemps pris, mais à tort, pour l'ancien lac Mœris; la ville de Miniéh, et beaucoup de ruines ou de restes des grandes villes et des superbes monuments dont la vallée du Nil était autrefois remplie.

A l'ouest sont les oasis de Syouah (autrefois Ammon), de Baharié (autrefois petite Oasis), et de Khardjé (autrefois grande Oasis).

Sahara ou Grand-Désert.

79. Où est situé le Sahara?

Cette vaste contrée n'a pas de limites déterminées; on la place entre 19° 20′ de longitude ouest, et 25° 30′ de longitude est; et entre 16° et 33° 38′ de latitude nord.

80. Quelles sont la superficie et la population de cette contrée?

On peut estimer la superficie à 5 136 000 kilomètres carrés;

la population est très-vaguement estimée à 1 000 000 d'habitants.

81. Que sait-on du Sahara ?

Le Sahara est très-peu connu ; c'est, dit-on, un vaste plateau en partie couvert de sables, parsemé de collines rocailleuses, et de quelques oasis, où de petites rivières, des sources, ou des puits peu profonds, fournissent l'eau nécessaire à la végétation. La sécheresse est quelquefois si grande dans certaines parties, que des caravanes ont pu faire cent lieues sans trouver d'eau. Au nord s'étend un pays plus heureux ou moins inconnu, appelé Beled-Ul-Djérid ou pays des Dattes ; ce pays s'étend aussi dans la Barbarie. (Voy. n° 154.)

82. Quels sont les principaux peuples répandus dans le Sahara ?

Ce sont : les Maures à l'ouest, les Touats, les Touariks ou Touaregs au milieu, et les Tibbous à l'est. Les Trarzas et les Braknas, dans le sud-ouest, se répandent aussi dans la Sénégambie.

83. Quelles sont les principales oasis du Sahara ?

Hoden, Tychyt, Tagazza, Tabou, Arna, Izhia, Bilma, et les oasis des Touats.

CONTRÉES DU MILIEU.

Sénégambie.

84. Où est située la Sénégambie ?

Entre 7° 30' et 19° 53' de longitude ouest, et entre 10° et 18° de latitude nord.

85. Quelle est la superficie de la Sénégambie et sa population ?

La superficie de la Sénégambie est d'environ de 1 067 000 kilomètres carrés ; sa population est estimée à 12 000 000 d'habitants.

86. Comment la Sénégambie est-elle divisée ?

La Sénégambie est divisée en un grand nombre de petits États occupés par les peuples indigènes ou depuis longtemps établis dans cette partie de l'Afrique ; diverses nations européennes y ont aussi des établissements.

87. Quels sont les principaux peuples de la Sénégambie?

Ce sont les Yolofs et les Mandingues, qui sont de race nègre, et les Foulahs, qui paraissent de la même race maure que les Fellatahs de la Nigritie.

88. Quelles sont les principales villes de la Sénégambie?

Ce sont : Bambouk et Élimané, dans les États des Mandingues; Timbo, dans les pays des Foulahs; Galam, qui n'appartient à aucun des trois peuples que nous avons nommés.

89. Quelles sont les puissances européennes qui ont des possessions dans la Sénégambie?

1° Les Français possèdent Saint-Louis, et ont étendu leur domination ou leur influence sur le nord-ouest de la Sénégambie et sur une grande partie du cours du Sénégal. Ils possèdent aussi l'île de Gorée et le comptoir de Sedhiou.

2° Les Anglais possèdent Bathurst à l'embouchure de la Gambie.

3° Les Portugais ont Cachéo.

Guinée septentrionale ou Ouankara.

90. Où est située la Guinée septentrionale?

Entre 16° de longitude ouest et 18° 30′ de longitude est.

91. Quelle est la superficie de la Guinée septentrionale et sa population?

La superficie est estimée à 2 470 000 kilomètres carrés, et la population à 10 000 000 d'habitants.

92. Comment divise-t-on la Guinée septentrionale?

Ce pays est divisé en un grand nombre d'États, dont les principaux sont l'empire des Achantins, le Dahomey, le Yarriba, occupé par les Éyos, qui s'étendent principalement dans la Nigritie intérieure, et l'État de Bénin. Quelques parties de la côte prennent le nom de côte des Graines, côte d'Ivoire, côte d'Or, etc.

93. Quelles sont les principales villes de la Guinée septentrionale?

Coumassie, capitale des Achantins; Yandi; Abomey, capitale

du Dahomey; Ouidda et Ardrah, tributaires de cet État; Bénin,
capitale de l'État de son nom; Lagos et Owyhère, tributaires de
cet État; Nouveau-Calabar, dans une île formée par les nombreuses branches du Kouara ou Dioli-Bâ.

94. Quelles sont les puissances européennes qui
ont des possessions dans la Guinée septentrionale?

1° Les Français ont des établissements à Bassam, à Assinie et
à l'embouchure du Gabon.

2° Les Anglais ont Freetown, sur la côte de Sierra-Léoné, cap
Corse, et quelques autres établissements sur la côte d'Or.

3° Les Hollandais ont La Mine ou Saint-Georges-de-la-Mine,
sur la côte d'Or.

95. Quelle république les Américains ont-ils fon-
dée dans la Guinée septentrionale?

La république nègre de Libéria, située sur la côte des Graines,
et dont la capitale est Monrovia.

Nigritie intérieure, ou Soudan, ou Takrour.

96. Où est située la Nigritie intérieure?

Entre 12° 30′ de longitude occidentale et 30° 30′ de longitude
orientale, et entre 6° et 21° de latitude nord.

97. Quelles sont la superficie et la population de la
Nigritie intérieure?

La superficie est estimée à 3 600 000 kilomètres carrés, et la
population à 20 000 000 d'habitants.

98. Quelles sont les principales parties de la Nigritie intérieure?

Ce sont : le Bambara, l'empire des Fellatahs, le Bornou, le
Darfour et le Kordofan.

99. Nommez quelques autres parties de la Nigritie
intérieure?

Le Ludamar et le Kaarta, compris en partie dans les limites
assignées à la Sénégambie; le Kankan, l'État de Tombouctou,
le pays des Dirimans, le Niffé, le Yarriba et le Founda, compris
en partie dans la Guinée septentrionale; le Kanem, le Bégharmy
et le Waday; le Tuklaoui, dans le Kordofan.

100. Quelles sont les villes les plus remarquables de la Nigritie intérieure?

Ce sont 1° à l'ouest : Kankan, capitale du Kankan; Bouré, entre le Kankan et le Bambara; Ségo, capitale du haut Bambara; Djenné, capitale du bas Bambara; Tombouctou, capitale d'un État autrefois puissant.

2° Au milieu : Aghadès, dans une oasis que plusieurs géographes comprennent dans le Sahara; Sackatou, capitale de l'empire des Fellatähs; Kaschna, Katagoum, Kano, Zariya, et Yacouba, dans le même empire; Yaouri, capitale de l'État de son nom; Tabra, capitale d'une partie du Niffé; Boussa, Ouaoua et Kiama dans le Borgou; Yola dans l'Adamava.

3° A l'est : Nouveau-Birnie, ancienne capitale du Bornou; Kouka, Vieux-Birnie et Engornou, dans le même État; Mora, capitale d'un État allié ou tributaire du Bornou; Wara, capitale du Waday; Cobbé et Thandalti dans le Darfour; Obéid dans le Kordofan, pays qui dépend du vice-roi d'Égypte.

101. Quels sont les principaux lacs de la Nigritie intérieure?

Le lac Dibbie, traversé par le Dioli-Bâ, et le lac Tchad.

102. Quelles sont les principaux cours d'eau de cette contrée?

Le Dioli-Bâ, Niger ou Kouara, le Yeou et le Schari, affluents du lac Tchad; le Nil blanc, dans une partie de son cours.

Nubie.

103. Où est située la Nubie?

Entre 26° et 37° de longitude est, et entre 10° et 24° de latitude nord.

104. Quelles sont la superficie et la population de la Nubie?

La superficie est de 1 200 000 kilomètres carrés, la population de 2 000 000 d'habitants.

105. Quels sont les principaux peuples de la Nubie?

Les Barabras, les Bicharys, les Bedjas, les Hadendoas, les Hallengahs, les Hammadahs et les Changallas.

106. Quelles sont les villes remarquables?

Nouveau Dongolah et Sennaar, autrefois capitales des deux principaux États; Deyr, Korti, Damer, Chendi, Halfay, Kartoum, Souakém sur la mer Rouge, Séliméh dans une oasis.

107. Quels sont les principaux cours d'eau de la Nubie?

Le Bahr-el-Abiad ou Nil Blanc et le Bahr-el-Azrak ou Nil Bleu qui y forment le Nil, et le Tacazzé, affluent du Nil.

108. De qui dépend la Nubie?

La Nubie est aujourd'hni sous la dépendance du vice-roi d'Égypte.

Abyssinie.

109. Où est située l'Abyssinie?

Elle s'étend à l'est jusqu'à 41° de longitude est, et au nord jusqu'à 16° 40' de latitude nord. Les autres limites ne sont pas indiquées de la même manière par les géographes.

110. Quelles sont la superficie et la population de l'Abyssinie?

On estime la superficie de l'Abyssinie à 780 000 kilomètres carrés, et sa population à 4 000 000 d'habitants.

111. Comment divise-t-on l'Abyssinie?

On peut diviser l'Abyssinie en cinq parties principales : 1° le royaume de Tigré, villes principales, Antalô, Axoum, Dobarva, Arkiko et Siréh; 2° le royaume d'Amhara, capitale Gondar; 3° les provinces confédérées d'Efat et de Choa, capitale Ankober; 4° les pays des Gallas, dans lesquels on remarque le pays d'Angot, ville principale Agof; 5° le Samhara.

Massoua, dans une petite île de la mer Rouge, est le seul port important de l'Abyssinie; le vice-roi d'Égypte, maître des pays voisins, s'en est emparé. Les Français ont occupé Adulis.

Adel ou pays des Somaulis.

112. Où est situé l'Adel?

Entre 39° et 49° de longitude est.

113. Quelles sont la superficie et la population de l'Adel?

On estime la superficie de l'Adel à 240 000 kilomètres carrés, et sa population à 200 000 habitants.

114. Quelles sont les principales villes de cette contrée?

Zéila, Barbora et Hourrour.

Nota. Les Somaulis s'étendent dans l'Adel et dans l'intérieur de l'Afrique, à l'O. de la côte d'Ajan.

Ajan.

115. Où est situé l'Ajan?

On donne le nom d'Ajan à la côte orientale d'Afrique située entre 4° et 11° de latitude nord; ses limites à l'ouest ne sont pas déterminées.

116. Quelles sont la superficie et la population de l'Ajan?

On estime la superficie à 220 000 kilomètres carrés, et la population à 150 000 habitants.

117. Que sait-on de l'Ajan?

Ce pays est peu connu; les côtes sont habitées par des Arabes mahométans, et l'intérieur par des nègres adorateurs des fétiches.

CONTRÉES DU SUD.

Guinée méridionale ou Congo.

118. Où est située la Guinée méridionale?

Sur la côte occidentale d'Afrique, entre 1° et 17° de latitude sud. Ses limites à l'est sont indéterminées.

119. Quelles sont la superficie et la population de cette contrée?

On estime la superficie à près de 1 000 000 de kilomètres carrés, et la population à 5 000 000 d'habitants.

120. Comment divise-t-on la Guinée méridionale?

La Guinée méridionale est divisée en plusieurs États, dont les principaux sont : le Loango, capitale Bouali ; le Congo, capitale San-Salvador ; l'Angola, capitale Loanda, et le Benguéla, capitale Benguéla.

121. Quelle est la nation européenne qui a des possessions dans la Guinée méridionale?

Ce sont les Portugais : ils y ont plusieurs établissements dont le chef-lieu est Loanda.

Hottentotie.

122. Où est situé le pays des Hottentots?

Entre 13° et 26° de longitude est, et entre 24° 30′ et 32° 20′ de latitude sud.

123. Quelles sont la superficie et la population de cette contrée?

On estime sa superficie à 600 000 kilomètres carrés, et sa population à 400 000 habitants.

124. Quelles sont les principales tribus des Hottentots?

Ce sont les Namaquas et les Koranas ; les Betjouanas, tribu cafre, s'étendent aussi dans ce pays.

Gouvernement du Cap.

125. Où est situé le Gouvernement du Cap?

Entre 14° et 27° de longitude est, et entre 28° et 34° 52′ de latitude sud.

126. Quelles sont la superficie et la population de cette contrée?

On estime la superficie à 400 000 kilomètres carrés, et la population à 200 000 habitants.

127. Quelles sont les principales villes?

Le Cap, Uitenhagen et Frédérichsbourg.

Cafrerie.

128. Où est située la Cafrerie?

Sur la côte sud-est de l'Afrique entre 24° et 33° de latitude sud; ses limites à l'intérieur ne sont pas déterminées.

129. Quelles sont la superficie et la population de la Cafrerie?

Sa superficie est estimée à 600000 kilomètres carrés, et sa population à 2 000 000 d'habitants.

130. Comment divise-t-on la Cafrerie?

Cette contrée comprend : la Cafrerie propre, habitée par différentes tribus barbares; la colonie anglaise de Victoria, capitale Port-Natal; la république de Transvaal, capitale Potschefstrom; et la république du fleuve Orange, capitale Bloëmfontein. Ces deux républiques ont été fondées par les Boërs, colons hollandais qui ont abandonné le gouvernement du Cap.

Monomotapa et Sofala.

131. Où est situé le pays de Monomotapa et Sofala?

Dans le sud-est de l'Afrique, entre 16° et 23° de latitude sud.

132. Comment divise-t-on ce pays?

L'ancien empire du Monomotapa est aujourd'hui partagé en plusieurs États: les Portugais, maîtres de la côte qu'ils ont réunie au gouvernement de Mozambique, y possèdent le port de Sofala.

Mozambique.

133. Où est situé le Mozambique?

Sur la côte orientale d'Afrique, entre 12° et 18° de latitude sud; ses limites à l'ouest sont indéterminées.
On joint souvent à ce pays le Sofala que les Portugais comprennent dans leur capitainerie de Mozambique.

134. Quelles sont la superficie et la population de Mozambique?

La superficie est estimée à près de 600 000 kilomètres carrés, et la population à 2 600 000 habitants.

155. Quelles sont les principales peuplades du Mozambique?

Ce sont les Muzimbes, les Monjous, les Bororos et les Macouas. Quelques-unes de ces peuplades s'étendent aussi dans les contrées voisines.

156. Quelles sont les principales villes du gouvernement de Mozambique?

Ce sont : Mozambique, Mésureil, Tête, Séna, Quilimané, et Sofala sur la côte du Monomotapa et Sofala.

157. Quelle est la nation européenne qui a des possessions dans le Mozambique?

Les Portugais qui, à la fin du quinzième siècle et au commencement du seizième, avaient établi leur domination sur presque toutes les côtes sud-est de l'Afrique, y possèdent encore de nombreux établissements dans la capitainerie de Mozambique. dont la capitale est Mozambique; mais les peuples indigènes ont conservé ou repris leur indépendance.

Zanguebar.

158. Où est situé le Zanguebar?

Sur la côte orientale d'Afrique, entre 5° de latitude nord et 12° de latitude sud; ses limites à l'intérieur sont indéterminées.

159. Quelles sont la superficie et la population du Zanguebar ?

On estime sa superficie à 600 000 kilomètres carrés, et sa population à 1 000 000 d'habitants.

140. Comment divise-t-on le Zanguebar?

En plusieurs États dont les plus remarquables sont ceux de Magadoxo, Brava, Mombaza, Quiloa et Mongallo.

L'État de Zanzibar, qui appartient à l'iman de Mascate, comprend les îles de Zanzibar et de Pemba, et étend sa suzeraineté sur quelques parties du continent. L'iman, qui paraît résider actuellement à Zanzibar, possède aussi l'île de Socotora.

Les principales tribus nègres indigènes sont les Mongallos, les

Maracatas et les Monjous, qui s'étendent anssi dans le Mozambique.

Contrée peu connue.

141. Quelle est l'étendue de la contrée peu connue ?

Il n'y a point de bornes déterminées pour cette contrée. L'intérieur de l'Afrique est resté longtemps inconnu aux Européens, qui ont étendu arbitrairement les limites des pays qu'ils ont appelé Guinée, Zanguebar, Mozambique, etc. ; mais tous ces pays, comme la contrée intérieure, sont partagés entre une multitude de peuples barbares; et les États qu'ils comprennent sont sujets à de fréquents changements.

142. Quelles découvertes a-t-on faites récemment dans la contrée peu connue ?

Depuis quelques années, plusieurs voyageurs ont pénétré dans l'intérieur de l'Afrique. Ils y ont découvert des lacs, des cours d'eau, des montagnes, et ils ont eu connaissance de plusieurs peuples.

143. Quels sont les principaux lacs découverts récemment ?

1° Le grand lac Ukéréwé qui s'étend au sud et au nord de l'Équateur; 2° le lac Tanganyika, au sud-ouest du lac Ukéréwé; 3° le lac Njassi, vers le pays de Mozambique, qui paraît être celui que l'on désignait, sans le connaître, sous le nom de Maravi; 4° le lac Ngami au sud.

144. Quels sont les principaux cours d'eau nóuvellement découverts ou mieux connus ?

1° Le Bahr-el-Abiad ou fleuve Blanc, branche principale du Nil, que l'on a remonté jusque dans le voisinage de l'Équateur. Quelques géographes pensent qu'il sort du lac Ukéréwé.

2° Le Zambèze, qui paraît venir du pays des Malouas, sous le nom de Lyambie, a été suivi dans la plus grande partie de son cours.

145. Quelles sont les montagnes découvertes dans cette partie de l'Afrique ?

Les monts Kénia et Kilimandjaro, près du Zanguebar. Ils atteignent à la hauteur des neiges perpétuelles, et paraissent donner naissance à un affluent du Nil.

146. Quels sont les principaux peuples et pays de la contrée peu connue ?

Ce sont, au nord : le Bertat, le Donga, le Yambo, le Berry, le Kaffa et le pays des Gallas, qui s'étendent aussi dans l'Abyssinie ; au milieu : le Londa ou pays des Malouas, dont le souverain, appelé Matiamvo, réside dans une ville de son nom, et étend au loin sa domination ; le pays des Cazembes et l'Unia-Muézi ; au sud : le pays des Makololos où l'on remarque les villes de Séshéké, Linyanti et Libabi ; la Cimbébasie, et les pays d'Ovampo et Ovahéréro au sud-ouest.

Le désert de Kalahari, compris en partie dans la Hottentotie, s'étend dans le sud de la contrée peu connue, jusqu'au lac Ngami.

147. Quelles remarques doit-on faire sur les villes de l'Afrique intérieure ?

Ces villes ne subsistent le plus souvent que pendant la vie du chef qui les a formées. A sa mort ou à sa chute, les habitants la quittent ordinairement pour s'établir ailleurs.

Madagascar.

148. Où est située l'île de Madagascar ?

Entre 12° et 25° 42′ de latitude sud, et entre 41° 12′ et 47° 50′ de longitude est.

149. Quelles sont la superficie et la population de Madagascar ?

On estime la superficie de Madagascar à 494 000 kilomètres carrés, et sa population à 3 000 000 d'habitants.

150. Quelles sont les principales villes de cette île ?

Tananarivou, capitale des Ovas ; Mouzangay, Pombetoc, Boina, Foulpointe, Tamatave, Andévourante, Mananzari, Malatane et Ancove.

POSSESSIONS DES NATIONS ÉTRANGÈRES EN AFRIQUE.

Possessions françaises.

151. Quelles sont les possessions des Français en Afrique ?

1° L'Algérie.

2° L'île de Gorée, la ville de Saint-Louis et les autres établissements dans la Sénégambie.

3° Bassam, Assinie, et l'embouchure du Gabon, dans la Guinée septentrionale.

4° L'île de la Réunion ou Bourbon, dans la mer des Indes.

5° Les îles de Nossi-Bé et de Sainte-Marie, près de Madagascar.

6° Mayotte dans les îles Comores.

Algérie.

152. Quelles sont les limites de l'Algérie ?

L'Algérie s'étend sur les côtes de la Méditerranée entre 4° 15′ de longitude ouest et 6° 7′ de longitude est ; ses limites au sud sont indéterminées.

153. Quelles est la population de l'Algérie ?

On estime vaguement à 3 000 000 d'individus la population de l'Algérie. La population civile européenne était, au commencement de l'an 1856, de 165 000 individus, dont moitié étaient Français.

154. Comment l'Algérie est-elle divisée par les indigènes ?

L'Algérie est partagée en deux grandes divisions naturelles : 1° au nord, le Tell, c'est-à-dire les pays où l'on cultive les céréales ; 2° au sud, le Sahara ou désert, appelé aussi quelquefois Beled-Ul-Djérid ou pays des Dattes.

155. Que savons-nous sur ces régions ?

Le Tell est dans ses parties plates, habitées par des Arabes, une des contrées les plus fertiles ; mais on n'y voit guère que des céréales ; les pays montueux, occupés par les Kabyles, offrent de belles forêts et une végétation riche et variée. Le Sahara algérien n'est pas, comme on l'a cru longtemps, un désert stérile et désolé, c'est un vaste archipel d'oasis dont chacune offre un groupe animé de villes et de villages autour desquels règne une large ceinture d'arbres fruitiers, oliviers, grenadiers, figuiers, abricotiers, pêchers, vigne et surtout des palmiers. Les plantes potagères y sont aussi un produit très-important. Les tribus nomades du Sahara y élèvent de nombreux troupeaux, car le désert même n'est pas entièrement dépourvu de végétation : il se couvre de verdure pendant la saison des pluies ; mais, pendant l'été, les plantes se dessèchent, les puits tarissent et les steppes deviennent brûlantes et inabordables.

156. Comment l'Algérie est-elle divisée administrativement ?

En trois provinces, dont les chefs-lieux sont : Alger, Constantine et Oran.

157. Quelles sont les subdivisions militaires de la province d'Alger ?

Ce sont : Alger, Dellys, Aumale, Médéa, Miliana et Orléansville.
Lieux remarquables : Blida, Coléa, Cherchell, Ténez, Teniet-el-Haad, Boghar et El-Agouath.

158. Quelles sont les subdivisions militaires de la province de Constantine ?

Ce sont : Constantine, Bône, Batna et Sétif.
Lieux remarquables : Bougie, Djidjelli, Philippeville, la Calle, Guelma, Tébessa, Bou-Sada et Biskra.

159. Quelles sont les subdivisions militaires de la province d'Oran ?

Ce sont : Oran, Mostaganem, Mascara, Sidi-Bel-Abbés et Tlemcen.
Lieux remarquables : Arzeu, Mazagran, Le Sig, Nemours, Lalla-Maghnia, Sebdou, Saïda, Tagadempt et Tiaret.

160. Quelles sont les principales oasis du Sahara algérien ?

Ce sont celles de Tuggurt, d'Ouargla et celles des Mozabites, dont les principales sont Guerrara et Gardaïa. Elles sont gouvernées par des chefs indigènes, sous la suzeraineté de la France.

161. Quelles sont les principales montagnes de l'Algérie ?

L'Algérie est en partie couverte par diverses ramifications de l'Atlas, parmi lesquelles on remarque l'Ouanseris ou Ouaranseris, les monts de Titteri et l'Amour ou Ammer.

Au nord-ouest de Sétif se trouve le passage des Bibans ou Portes de Fer.

162. Quels sont les principaux lacs de l'Algérie ?

On trouve dans l'Algérie plusieurs lacs dits Sebkhas ou Chotts qui se remplissent d'eau dans la saison des pluies, et qui sèchent généralement dans l'été, et ressemblent à des marais ou à des plaines couvertes de sel. Les principaux sont : 1° dans la province d'Oran, la Sebkha ou lac salé, le Gharby et le Cherguy ; 2° dans la province d'Alger le Zagris ou Zahrès ; 3° dans la province de Constantine le Grand-Chott et le Melghigh que l'on croyait uni au lac Loudéah du beylik de Tunis, parce qu'il y a une multitude d'autres marais salés entre ces deux lacs.

163. Quels sont les principaux fleuves de l'Algérie?

La Tafna, le Sig, le Chéliff, l'Isser, l'Adouse, le Kébir, ou Rummel, la Seibouse, la Medjerdah qui coule principalement dans le beylik de Tunis, et le Djeddi dans le sud.

Ile de la Réunion.

164. Comment l'île de la Réunion est-elle divisée?

En deux arrondissements : 1° celui de Saint-Denis, renfermant les communes de Saint-Denis, chef-lieu de l'île, Sainte-Marie, Sainte-Suzanne, Saint-André, Salazie, Saint-Benoît et Sainte-Rose : 2° celui de Saint-Pierre, renfermant les communes de Saint-Paul, de Saint-Leu, de Saint-Louis, de Saint-Pierre et de Saint-Joseph.

165. Quelles sont les principales montagnes de l'île de la Réunion ?

L'île de la Réunion est traversée du nord-ouest au sud-est par une chaîne de montagnes dont les deux centres principaux sont le piton des Neiges et le piton de Fournaise. Le dernier est un volcan encore en activité ; le piton des Neiges est éteint depuis longtemps.

166. Quels sont les principaux cours d'eau de la Réunion ?

Ce sont les rivières de Saint-Denis, des Pluies, de Saintes Suzanne, du Mât, des Marsouins, de Saint-Pierre, du Baril, de Grands-Bois, d'Abord, de Saint-Etienne, des Avirons, de la Grande-Ravine, de Saint-Gilles et des Galets. Aucune de ces rivières n'est navigable.

POSSESSIONS DES AUTRES NATIONS ÉTRANGÈRES.

167. Quelles sont les possessions des Turcs en Afrique?

1° L'Égypte et ses dépendances, la Nubie et le Kordofan; 2° le beylik de Tripoli; 3° le beylik de Tunis qui est à peu près indépendant.

168. Quelles sont les possessions des Portugais?

1° Les îles Açores, dont les principales sont: Tercère, San-Miguel, Santa-Maria, Fayal, Pico et Florès. Angra, dans l'île de Tercère, en est la capitale.

2° L'île de Madère, capitale Funchal.

3° Les îles du cap Vert, dont les principales sont Santiago, Boavista, San-Antonio et l'île dé Sel. La capitale est Santiago, dans l'île de ce nom.

4° L'île de Saint-Thomas et l'île du Prince, dans le golfe de Guinée.

5° Quelques établissements dans la Sénégambie, dont les plus remarquables sont Cachéo et Géba.

6° Les établissements dans l'Angola et le Benguéla, capit. Loanda; v. pr. Benguéla.

7° Le gouvernement de Mozambique. (Voyez n° 133).

169. Quelles sont les possessions des Anglais?

1° Les établissements dans la Sénégambie, chef-lieu Bathurst, à l'embouchure de la Gambie.

2° La colonie de Sierra-Léoné, capitale Freetown, au nord-ouest de la Guinée septentrionale.

3° Les établissements sur les côtes du golfe de Guinée, chef-lieu Cap-Corse.

4° Le gouvernement du Cap. (Voyez n° 125).

5° La colonie de Victoria, capitale Port-Natal, dans la Cafrerie.

6° Les îles de Sainte-Hélène et de l'Ascension, dans l'océan Atlantique: la dernière n'est qu'un rocher stérile et désert, où les Anglais ont établi un petit poste de soldats pour assurer des rafraîchissements à leurs vaisseaux.

7° L'île Maurice ou de France, l'île Rodrigue et les Seychelles, qui comprennent les groupes de Mahé et des Amirantes dans la mer des Indes.

170. Quelles sont les possessions des Espagnols?

1° Quelques présides ou forts sur la côte du Maroc, dont les principaux sont Ceuta et Mélillah.

2° Les îles Canaries, dont les principales sont Ténériffe, Canarie, Fortaventura, Palma et l'île de Fer. Sainte-Croix, dans l'île de Ténériffe, en est la capitale.

3° Fernando-Pô, dans le golfe de Guinée.

171. Quelles sont les possessions des Hollandais?

Les Hollandais possèdent plusieurs établissements sur la côte d'Or, dont le principal est la Mine ou Saint-Georges-de-la-Mine.

172. Quelles sont les possessions des Américains?

Les Américains des États-Unis ont fondé à l'ouest de la Guinée septentrionale la colonie de Libéria, dont la capitale est Monrovia. Elle est destinée à l'établissement des nègres affranchis.

EXERCICES

du tracé des cartes sur les feuilles d'exercices géographiques.

PREMIER DEGRÉ[1].

173. Écrivez sur la carte d'Afrique muette les noms des contrées d'Afrique et de leurs villes principales.

Écrivez les noms des mers, des golfes et des détroits qui baignent l'Afrique.

— Les noms des principales îles d'Afrique.

— Les noms des caps, des montagnes, lacs, fleuves et rivières principales d'Afrique.

DEUXIÈME DEGRÉ.

174. Tracez sur une feuille du deuxième degré les limites de l'Égypte.

— De la Nubie.

— De la Guinée septentrionale.

Tracez les limites des principales contrées de l'Afrique, placez les villes principales, et écrivez les noms de ces contrées et de ces villes.

175. Tracez les principales chaînes de montagnes d'Afrique, et écrivez leurs noms.

---

1. Voyez à l'avertissement les notes sur les trois degrés des feuilles d'exercices.

Tracez le cours du Nil. — Du Sénégal. — Du Dioli-Bâ, etc.

Tracez le cours de tous les fleuves d'Afrique et écrivez leurs noms.

TROISIÈME DEGRÉ.

176. Tracez sur une feuille du troisième degré les côtes de l'Afrique.

Tracez les limites des diverses contrées d'Afrique.

Tracez les îles qui dépendent de cette partie du monde.

Tracez les chaînes de montagnes de l'Afrique.

Tracez les lacs de l'Afrique. — Les fleuves.

Placez les principales villes de chaque contrée.

Écrivez les noms des différents objets représentés sur la carte.

PRINCIPAUX OUVRAGES

DE MM. ACHILLE MEISSAS ET AUG. MICHELOT.

*Cartes géographiques sur grand-raisin vélin,
composant les atlas in-folio.*

Nº 1. Mappemonde. Nº 1 (*bis*). *Id.* muette. Nº 2. Europe écrite. Nº 2 (*bis*).
Id. muette. Nº 3. Europe centrale écrite. Nº 3 (*bis*). *Id.* muette. Nº 4.
Asie écrite. Nº 4 (*bis*). *Id.* muette. Nº 5. Afrique écrite. Nº 5 (*bis*). *Id.*
muette. Nº 6 Amérique écrite. Nº 6 (*bis*). *Id.* muette. Nº 7. Océanie. Nº 7
(*bis*). *Id.* muette. Nº 8. France, divisée en provinces et en départements.
Nº 8 (*bis*). *Id.* muette. Nº 9. Iles Britanniques. Nº 10. Hollande et Bel-
gique. Nº 11. Suisse. Nº 12. Allemagne. Nº 13. Portugal et Espagne.
Nº 14. Autriche, Italie, Turquie et Grèce. Nº 15. Asie occidentale. Nº 16.
Inde en deçà et au delà du Gange. Nº 17. Afrique, partie nord-ouest.
Nº 18. Amérique septentrionale. Nº 19. Amérique méridionale.

(A) *Atlas élémentaire*, composé des numéros 1, 2, 3, 4, 5, 6, 7,   fr. c.
et 8. Prix ....   6 »

(B) — *Le même*, avec les huit cartes muettes, cart............... 11 50

(C) *Atlas universel de la nouvelle géographie méthodique*, composé de douze cartes écrites.. 10 50

(D) — *Le même*, avec les huit cartes muettes, cart............... 15 »

(E) *Atlas universel de géographie moderne*, composé des 19 cartes
écrites, cart... 15 »

(F) *Le même*, avec les huit cartes muettes...................... 21 »
Chaque carte en feuille se vend séparément...................... 1 »
Chaque carte collée sur carton................................. 1 25

Nouvelle géographie méthodique. 1 vol. in-12. Prix, cartonné... 2 50

Petite géographie, 1 vol. in-18, cartonné...................... » 60

Tableaux de géographie, vingt-sept tableaux sur couronne...... 3 »

Manuel de géographie, contenant les mêmes tableaux, 1 vol. in-18,
cartonné.. » 75

Géographie ancienne, 1 vol. 12, cartonné...........................

Petite géographie ancienne, 1 vol. in-18. cartonné ....

Atlas de géographie ancienne, dix-neuf cartes sur quatorze pl. un
quart de Jésus. cartonné.. 5 »

Dictionnaire de géographie ancienne et moderne. 1 vol. in-8, avec
huit cartes. Prix, broché... 7 »

Géographie sacrée, 1 vol. in-18, cartonné...................... 1 25

Atlas de géographie sacrée, six cartes sur un quart de Jésus, avec
un plan de Jérusalem, cartonné.................................... 2 »

Petits atlas sur un quart de Jésus, cartonnés, grand in-8°.

	fr.	c.
(A) *Petit atlas élémentaire*, huit cartes écrites............................	2	50
(B) *Le même*, avec huit cartes muettes (16 cartes)..................	3	50
(C) *Petit atlas universel de géographie moderne*, dix-sept cartes écrites...	5	»
(D) *Le même*, avec huit cartes muettes (25 cartes)................	6	»
(G) *Petit atlas complet de géographie ancienne, du moyen âge et moderne, et de géographie sacrée*, cinquante-deux cartes écrites cartonné.........................	14	»
(H) *Le même*, avec huit cartes muettes (60 cartes), cartonné. Chaque carte, sur un quart de Jésus, se vend séparément........	»	55
Tableaux d'histoire de France...	»	35
Manuel contenant les mêmes tableaux, avec le portrait de chaque roi, 1 vol. in-18. cartonné...............................	»	75
Grammaire française, par MM. *Meissas, Michelot et Picard*. 1 vol. in-12, adopté par l'Université, cartonné.........................	1	35
Tableaux de grammaire, par les mêmes, adoptés par l'Université.	3	»
Manuel de grammaire, contenant les mêmes tableaux, 1 vol. in-18..	»	75
Exercices de grammaire et d'orthographe, par les mêmes auteurs, 1 vol. in-12, cartonné.......................................	1	35
Corrigé des exercices, 1 vol. in-12. cartonné......................	1	35
Feuilles d'exercices géographiques pour les huit cartes de l'atlas A, divisées en trois degrés : 1° cartes muettes complètes ; 2° projections et contours des côtes ; 3° projections des méridiens et des parallèles seulement ; lithographiées sur un quart de Jésus. Prix.........................	»	10
		2 c. 1/2

Paris. —Imprimerie de Ch. Lahure et Cⁱᵉ, rue de Fleurus, 9.

Paris. — Imprimerie de Ch. Lahure et Cie, rue de Fleurus, 9.

www.ingramcontent.com/pod-product-compliance
Lightning Source LLC
Chambersburg PA
CBHW051737050726
47598CB00003B/1231